食べたかった！が
これ**1**枚

「ポリ袋で湯せん」の感動レシピ

だいぼうかおり
Daibo Kaori

PHP

はじめに

毎日、毎日、繰り返し続くごはん作り。
時間に追われる忙しい生活を送っている方は
負担に感じられる日もあるのではないでしょうか。

そんなときにおすすめしたいのが、
ポリ袋を使った「ポリ袋湯せん」です。

「ポリ袋湯せん」とは、ポリ袋に食材と調味料を
入れて袋の空気を抜き、沸騰した鍋に入れて
湯せんで調理する方法です。

湯せんで加熱することで肉や魚がかたくなりませんし、
食材に熱が伝わりやすく、やわらかく仕上がります。

ひとつの鍋で同時に2〜3品一緒に湯せんしたり、
ポリ袋のまま冷蔵・冷凍保存したりすることもできます。
洗い物が少ないのも嬉しいところ。

主菜や副菜からおやつまで。家族が喜ぶレシピを選びました。
毎日のごはん作りにぜひ取り入れてみませんか。

だいぼうかおり

「ポリ袋湯せん」するとこんなにいいことが！

ポリ袋を使えば、いつものメニューがよりかんたんにおいしく作ることができ、家事の負担を軽減することができます。

袋のまま冷凍・湯せん解凍できる

時間があるときに調理し、ポリ袋のまま冷凍。湯せんで解凍すれば、熱の通りも均等に、できたてのおいしさがよみがえります。

煮崩れの心配なし

ポリ袋湯せんはかたまりの肉や煮魚の調理が大の得意。誰でも料理名人になれます。

いちどに複数の調理も可能

たとえば1回の湯せんで、3種類のおかずが調理できます。

作りおきにも便利

ポリ袋で調理したものを、袋のまま保管できるので、冷蔵庫の場所を取りません。

洗い物が少なくなる

調味料や材料はポリ袋の中なので鍋は汚れず、調理器具を洗う手間が省けます。

食べたかった！がこれ1枚
「ポリ袋で湯せん」の感動レシピ もくじ

はじめに …………………………………… 2

「ポリ袋湯せん」するとこんなにいいことが！ …… 3

ポリ袋の使い方の基本 ……………………… 6

PART 1 ポリ袋で作るおかず

♥…湯せん　♣…焼く・蒸す
♠…揚げる　◆…漬ける

写真／作り方

♥ ローストビーフ …………………… 10／11

♥ ハヤシライス ……………………… 12／13

♥ 牛肉と長いもの塩煮 ……………… 14／15

♥ 牛肉ともやしのプルコギ風 ……… 16／17

♥ しっとりチャーシュー …………… 18／20

♥ 黒糖角煮 …………………………… 19／21

♣ スペアリブのバーベキュー焼き … 22／24

♥ 豚肉のレモン塩キャベツ ………… 23／25

♥ 鶏ハム ……………………………… 26／28

♥ 鶏手羽と干ししいたけのうま煮 … 27／29

♣ タンドリーチキン ………………… 30／32

♥ チキンソーセージ ………………… 31／33

♥ ぶり大根 …………………………… 34／36

写真／作り方

♥ サワラの塩昆布蒸し ……………… 35／37

♥ サーモンのオイルマリネ ………… 38／40

♠ フィッシュナゲット ……………… 39／41

♥ いかの韓国風煮 …………………… 42／44

♥ かに玉 ……………………………… 43／45

♥ カレーオムレツ …………………… 46／48

♥ 麻婆豆腐 …………………………… 47／49

PART 2 炊き込みご飯と麺

♥ とうもろこしとしょうがの
　炊き込みご飯 …………………… 50／52

♥ ごぼうピラフ ……………………… 51／53

♥ 鶏肉のねぎ塩おこわ ……………… 54／56

♥ 中華おこわ ………………………… 55／57

♥ 鮭の混ぜ寿司 ……………………… 58／60

♥ 青梗菜と干しえび焼きそば ……… 59／61

♥ ブロッコリーのショートパスタ … 62／64

♥ えびのクリームパスタ …………… 63／65

♥ フレッシュトマトのパスタ ……… 66／68

♥ カオマンガイ ……………………… 67／69

PART 3　いちどにできる「ひと鍋定食」

写真／作り方

●♥鶏ささみの柚子胡椒和え　♥さつまいもおこわ　♥大根と白菜のとろみあんかけ ···· 70／70・72

●♥チリコンカン　♥温泉卵　♥ご飯　◆キャロットラペ ·········· 71／71・73

●♥ルーローハン　♥ご飯　♥きくらげザーサイ和え ············· 74／73・74・76

●♥豚スペアリブの赤ワイン煮　♥マッシュポテト　◆ミニトマトのマリネ ···· 75／75・77

●♥キーマカレー　♥スパイスライス　◆ピクルス ··············· 78／78・80

●♥鶏もも肉の紅茶煮　♥きのこのマリネ　♥厚揚げと小松菜煮 ····· 79／79・81

PART 4　作りおきに便利な副菜

♥ポテトサラダ ············· 82／84

♥さつまいものレモン煮 ······ 82／84

♥ひじきのごま煮 ··········· 83／85

♥なすのじゃこ煮 ··········· 83／85

◆浅漬け ·················· 86／88

♥チャプチェ ··············· 86／88

♥カポナータ ··············· 87／89

♥切り干し大根 ············· 87／89

PART 5　ポリ袋でかんたんおやつ

♣レーズンとチョコのドロップクッキー ········· 90／92

♣蒸しパン ···································· 91／93

♣どら焼き ···································· 94／94

♥りんごのコンポート ··························· 95／95

ポリ袋の使い方の基本

1 ポリ袋に材料をすべて入れる

食材と調味料を入れ、袋のままもんだりふったりして混ぜます。空気が入ると熱で膨張し破裂の恐れがありますから、袋の中の空気は下の写真のように抜いて平らにします。袋は上のほうでしばりましょう。

── 破裂防止のために袋の空気を抜く方法 ──

**中身を入れたら
平らにする**

手で押さえながら、やさしく平らにならします。

**水に沈めて
しっかり空気を抜く**

袋の中に水が入らないように冷水にポリ袋を沈めます。水圧で自然に空気が抜けます。

**袋の上のほうで
しばるのがポイント**

袋の上のほうでしばりましょう。熱で膨張した水蒸気による破裂を防ぎます。

2 鍋にお皿を入れて沸騰したら袋を入れる

大きめの鍋にたっぷりと水を入れ、沸騰させます。**鍋の底には必ずお皿を敷いて、鍋に袋が直接触れないようにしましょう。** 鍋に触れると耐熱温度を超えてしまい、溶ける恐れがありますのでご注意を。

いちどに主菜と副菜を調理できる！

鍋の大きさに応じて2〜3袋のポリ袋を入れ湯せんすれば、カレーとご飯など、複数のメニューを同時に作ることができます（PART3を参考にしてください）。

※本書では、直径24cmの鍋を使用しています。

こんなポリ袋を選んで！

- 調理で使用するポリ袋の素材は、高密度ポリエチレンでできた耐熱温度100℃から110℃の食品用、キッチン用のものを選んでください。
- 低密度ポリエチレンの袋は熱に耐えられないため、使用しないでください。必ず商品裏の注意書きを確認し、加熱使用可能か、耐熱温度が低くないかを確認しましょう。
- 湯せんをするため、長さが長い袋のほうが結びやすく、粉を混ぜる際も作業がしやすいでしょう。

ほかにもこんな使い方があります

ふり混ぜる

P.86
浅漬け
など

手も調理器具も汚れず、かんたんに食材と調味料を和えたり、粉ふるいのかわりに粉類をふり混ぜたりできます。

漬ける

P.30
タンドリーチキン
など

調味料を無駄にせず、しっかりしみ込ませ、冷蔵庫の中でも場所を取らずに保存できます。作りおき調理にもとても便利です。

本書のルール
- ●本書では 大さじ1＝15mL、小さじ1＝5mLとして掲載しています。
- ●火加減は特に表記がない場合は中火です。
- ●オーブンにかける時間は目安です。機種によって異なることもありますので、様子をみながら加減してください。

つぶす

P.75
マッシュポテト
など

めん棒などがない場合は袋の上から手でもんでもよいでしょう。熱いうちにつぶすときは布巾などで包んでつぶしましょう。

もみ混ぜる

P.71
チリコンカン
など

手も調理器具も汚れず肉や魚に下味をつけたり、おやつの粉類と水分を混ぜたりするのに重宝します。

※一度使用したポリ袋は食品衛生上、何度も使用しないでください。キッチンで出る生ゴミ用のごみ袋として使うのがおすすめです。処分する際は各自治体の処分方法に従ってください。

ローストビーフ

材料 （作りやすい分量）

牛もも肉（ブロック）	300g
にんにく	1片
塩	小さじ1/2
こしょう	少々
サラダ油	小さじ2
お好みのハーブ	1枝
（ローズマリー・タイムなど）	

┌ しょうゆ	小さじ1
A バルサミコ酢	小さじ1
└ はちみつ	小さじ1
クレソン	適量
レモン（くし切り）	適量

（下準備）

牛肉は調理の1時間ほど前に冷蔵庫から出しておく。

作り方

1 牛肉は塩、こしょうをすり込んで30分ほどおく。にんにくは薄切りにする。

にんにくが焦げそうなときは取り出す

2 フライパンににんにくとサラダ油を入れて熱し、香りが立ったら牛肉を加える。表面全体に焼き色がつくまで転がしながら8分ほど焼く。

3 ポリ袋に牛肉、にんにく、ハーブを入れ、空気を抜いて袋の口をしばる。

4 鍋に水を入れて火にかけ、沸騰したら**3**を入れる。再び沸騰したら弱火にして10分湯せんする。全体が浸かるように途中でポリ袋の上下を返す。火を止め、そのまま15分おく。

5 袋を取り出し、氷水で10分冷やす。

6 ソースを作る。**2**のフライパンの汚れを軽くふき取り、A、**5**で出た肉汁（大さじ2）を入れてひと煮立ちさせる。

7 肉をお好みの厚さに切り、クレソン、レモン、ソースを添える。

Point

6で分量の肉汁が出ないときは水を足してください。

ハヤシライス

牛薄切り肉（赤身） ················ 200g
玉ねぎ ······························· 1/4個
マッシュルーム ······················ 2個
サラダ油 ·························· 小さじ2
塩 ·································· 少々
こしょう ··························· 少々
小麦粉 ···························· 大さじ1
┌ トマトの水煮（カットトマト）
│ ······························· 200g
│ トマトケチャップ ······ 大さじ1
│ 赤ワイン ················ 小さじ2
│ ウスターソース ········· 小さじ2
A│ しょうゆ ················ 小さじ1
│ チキンコンソメ（顆粒）
│ ·························· 小さじ1
│ ローリエ ·················· 1枚
└ バター ····················· 10g
ご飯 ······························ 適量
パセリ（みじん切り） ············· 適量

作り方

1 牛肉は一口大、玉ねぎ、マッシュルームは薄切りにする。

2 フライパンにサラダ油を熱し、牛肉を入れて全体の色が変わるまで炒める（a）。

3 ポリ袋に牛肉、塩、こしょうを入れてふり混ぜる。小麦粉を加えてさらにふり混ぜる（b）。

4 **3**にA、玉ねぎ、マッシュルームを加えて全体をなじませ、空気を抜いて袋の口をしばる。

5 鍋に水を入れて火にかけ、沸騰したら**4**を入れる。再び沸騰したら弱火にして30分湯せんする。全体が浸かるように途中で袋の上下を返す。

6 器にご飯、**5**を盛り、パセリを散らす。

(a)

牛肉は炒めることでアクが出るのをおさえます。

(b)

ポリ袋の中で混ぜることにより、ムラなく仕上がります。

Point

パスタやオムレツにかけてもおいしくいただけます。

牛肉と長いもの塩煮

牛薄切り肉(赤身) ················· 150g
長いも ······························ 200g
長ねぎ ······························ 10cm
サラダ油 ······················· 小さじ1
┌ 塩 ······················· 小さじ1/2
│ みりん ···················· 大さじ1
│ 酒 ························· 小さじ2
A しょうが(すりおろし)
│ ··························· 小さじ2
│ 片栗粉 ···················· 小さじ2
└ だし汁 ······················· 100mL

（下準備）
長いもは皮をむいて酢水（分量外）
につける。

作り方

1 牛肉は一口大、長いもは小さめの一口大、長ねぎは斜め薄切りにする。

2 フライパンにサラダ油を熱し、牛肉を入れて全体の色が変わるまで炒める。

3 ポリ袋にAを入れてもみ混ぜる。牛肉、長いも、長ねぎを加えて（a）全体をなじませ（b）、空気を抜いて袋の口をしばる。

4 鍋に水を入れて火にかけ、沸騰したら3を入れる。再び沸騰したら弱火にして25分湯せんする。全体が浸かるように途中で袋の上下を返す。火を止め、そのまま5分おく。

（a）

袋の中にすべての材料を入れます。

（b）

全体がなじむようにやさしくもみ混ぜてください。

Point

長いもは変色を防ぐために酢水につけます。気にならない場合は、そのまま使っても大丈夫です。

牛肉ともやしのプルコギ風

材料 (2人分)

牛肉 (焼肉用) ································· 200g
もやし ·· 200g
ごま油 ······························· 小さじ2
┌ しょうゆ ····················· 大さじ2
│ 酒 ································ 大さじ1
│ 砂糖 ···························· 小さじ2
│ にんにく (すりおろし)
│ ····························· 小さじ1/2
A│ しょうが (すりおろし)
│ ····························· 小さじ1/2
│ ごま油 ························ 小さじ1
│ 白すりごま ···················· 大さじ1
└ 粉唐辛子 (韓国産) ······ 小さじ1
粉唐辛子 (韓国産) ················· 適量
青ねぎ (斜め切り) ················· 適量

作り方

1 牛肉は細切りにする。もやしは洗ってしっかり水気をきり、ひげ根を取る。

2 フライパンにごま油を熱し、牛肉を入れて全体の色が変わるまで炒める。

3 ポリ袋にAを入れてもみ混ぜる。牛肉を加えてもみ混ぜ、もやしを加えて全体をなじませる。空気を抜いて袋の口をしばる。

4 鍋に水を入れて火にかけ、沸騰したら**3**を入れる。再び沸騰したら弱火にして20分湯せんする。全体が浸かるように途中で袋の上下を返す。

5 器に盛り、粉唐辛子、青ねぎを散らす。

Point

粉唐辛子の量はお好みで調節してください。韓国産のものが手に入らない場合は一味唐辛子で代用してください。

memo 湯せん調理をよりおいしく仕上げるために

基本的にポリ袋湯せんだけでも調理はできますが、肉からアクがたくさん出るのを防ぎ、よりおいしく仕上げるためにフライパンで肉を焼いたり、魚に熱湯をかけたりするひと手間を加えています。

しっとりチャーシュー

黒糖角煮

しっとりチャーシュー

材料 （作りやすい分量）

豚肩ロース肉（ブロック）…… 300g
サラダ油 …………………… 大さじ1/2
しょうが ……………………… 1片
長ねぎ（青い部分）………… 1本分
A ┌ しょうゆ ………………… 大さじ3
　├ 紹興酒または酒 …… 大さじ2
　└ 砂糖 ……………………… 大さじ2
白髪ねぎ ……………………… 適量
香　菜（シャンツァイ）……………………… 適量

（下準備）
豚肉は調理の1時間ほど前に冷蔵庫から出し、竹串などで数カ所穴を開ける（a）。

（a）

竹串で数カ所穴を開け、火の通りをよくして味をしみ込みやすくします。

作り方

1 しょうがは薄切りにする。

2 フライパンにサラダ油を弱めの中火で熱し、豚肉を入れて表面全体に焼き色がつくまで転がしながら8分ほど焼く。

3 ポリ袋にAを入れてもみ混ぜる。豚肉、しょうが、長ねぎを加えて全体をなじませ、空気を抜いて袋の口をしばる。

4 鍋に水を入れて火にかけ、沸騰したら**3**を入れる。再び沸騰したら弱火にして20分湯せんする。全体が浸かるように途中で袋の上下を返す。

5 **2**のフライパンの汚れをさっとふき取り、**4**を漬け汁ごと入れて火にかける。汁にとろみがつくまで豚肉を転がしながら煮詰める。

6 お好みの厚さに切り、白髪ねぎと香菜を添える。

Point

ラーメンのトッピングやチャーハンの具としても重宝します。中華おこわ（P.55）にも！

黒糖角煮

材料 (2人分)

豚バラ肉（ブロック）………… 300g
しょうが ……………………… 1片
長ねぎ（青い部分）………… 1本分
┌ 黒砂糖 ……………… 大さじ2
A しょうゆ …………… 大さじ2
└ 酒 …………………… 大さじ1

（下準備）
豚肉は調理の1時間ほど前に冷蔵
庫から出し、竹串などで数カ所穴
を開ける。

作り方

1 豚肉は一口大に切る。しょうがは薄切りにする。

2 ポリ袋にAを入れてもみ混ぜる。**1**、長ねぎを加えて全体をなじませ、空気を抜いて袋の口をしばる。

3 鍋に水を入れて火にかけ、沸騰したら**2**を入れる。再び沸騰したら弱火にして30分湯せんする。全体が浸かるように途中で袋の上下を返す。

4 袋を取り出し、氷水で10分冷やす。余分な脂を取り除くために、袋の下の角を切り、別の袋に豚肉と煮汁を移す(a)。

5 **4**の空気を抜いて袋の口をしばり、沸騰した鍋に入れる。再び沸騰したら弱火にして10分湯せんする。

Point

4のひと手間で余分な脂がとれ、よりいっそうおいしくなります。

(a)

ポリ袋に付いた脂を取り除くために別の袋に豚肉と煮汁を移します。

スペアリブの
バーベキュー焼き

豚肉の
レモン塩キャベツ

スペアリブのバーベキュー焼き

材料 (2人分)

豚スペアリブ … 4本(400〜500g)
┌ しょうゆ ………………… 大さじ2
│ 酒 …………………………… 大さじ1
│ オレンジマーマレード
│ ………………………… 大さじ2
│ トマトケチャップ …… 大さじ2
│ にんにく(すりおろし)
A ………………………… 小さじ2
│ しょうが(すりおろし)
│ ………………………… 小さじ2
│ 玉ねぎ(すりおろし)
│ ………………………… 大さじ1
│ 塩 ………………… ひとつまみ
└ 粗びき黒こしょう ………… 少々
レタス ……………………… 適量
ミニトマト(2等分) …………… 適量

(下準備)
スペアリブは竹串などで数カ所穴
を開ける。

作り方

1 ポリ袋にAを入れてもみ混ぜる。スペアリブを加えてもみ混ぜ、空気を抜いて袋の口をしばる。冷蔵庫に2時間以上、できれば半日おく。

2 グリルで20分ほどこんがり焼く。

3 器に盛り、レタス、ミニトマトを添える。

Point

オーブンやフライパンでも焼けます。

オーブンでの焼き方
オーブンを180℃に温める。オーブンの天板にオーブン用シートを敷き、**1**のスペアリブを並べる。焼き色がつくまで15分焼く。取り出して裏返し、再びオーブンに入れて15分焼く。

フライパンでの焼き方
フライパンにサラダ油(少々・分量外)を熱し、**1**のスペアリブを入れる。焼き色がついたら裏返し、ふたをして弱火で中まで火を通す。

豚肉のレモン塩キャベツ

材料 (2人分)

豚肉（しょうが焼用）……………… 200g
キャベツ ……………………………… 4枚
塩 ……………………………… ふたつまみ
レモン（薄切り）………………… 2枚
ごま油 ……………………………… 小さじ1
┌ 塩 ………………………… 小さじ1/2
A こしょう ……………………… 少々
└ ごま油 …………………………… 小さじ2

作り方

1　豚肉は3等分に切る。キャベツは2cm幅に切って塩をふり、全体をざっと混ぜる。

2　フライパンにごま油を熱し、豚肉を入れて全体の色が変わるまで炒める。

3　ポリ袋に豚肉、Aを入れてもみ混ぜる。キャベツ、レモンを加えて全体をなじませ、空気を抜いて袋の口をしばる。

4　鍋に水を入れて火にかけ、沸騰したら3を入れる。再び沸騰したら弱火にして20分湯せんする。全体が浸かるように途中で袋の上下を返す。

Point

レモンは防カビ剤不使用のものをお使いください。

memo レモンの風味でお肉がさっぱり食べやすくなる

豚肉は、しょうが焼き用のものを使用しているので、しっかりと食べ応えがあります。消化を助けるキャベツと爽やかなレモンの風味で、こってりしたお肉が苦手な人でも食べやすいおかずです。

鶏ハム

鶏手羽と
干ししいたけのうま煮

鶏ハム

材料 （作りやすい分量）

鶏胸肉 ……………………………… 1枚
ローリエ …………………………… 2枚
A ┌ 塩 ……………………………… 小さじ1
　├ 砂糖 …………………………… 小さじ1
　└ こしょう ……………………… 少々
ベビーリーフ ……………………… 適量
ラディッシュ（薄切り）……… 適量
粗びき黒こしょう ……………… 適量

（下準備）
鶏肉は皮を取り除き、厚い部分に
包丁を入れ、観音開きにして竹串
などで数カ所穴を開ける。

作り方

1 ポリ袋に鶏肉、Aを入れてもみ込む。冷蔵庫に2時間以上、できれば半日おく。

2 ラップに鶏肉をのせ、手前からきつく巻いてローリエをのせて（a）ラップで包み、両端をしっかりねじる（b）。

3 別のポリ袋に**2**を入れ、空気を抜いて袋の口をしばる。

4 ふたのできる鍋に水を入れて火にかけ、沸騰したら**3**を入れる。再び沸騰したら弱火にして5分湯せんする。全体が浸かるように途中で袋の上下を返す。

5 火を止め、ふたをしてそのまま湯が人肌程度になるまでおく。

6 お好みの厚さに切り、ベビーリーフ、ラディッシュを添え、黒こしょうを散らす。

(a)

巻いた鶏肉の上にローリエをのせます。

(b)

ラップの両端をしっかりねじります。

Point

サンドイッチに挟んだり、サラダに加えたり、パスタの具にもおすすめです。

鶏手羽と干ししいたけのうま煮

材料 (2人分)

鶏手羽中	8本
干ししいたけ（小さめ）	4枚
塩	小さじ1/2
水	200mL
A ┌ しょうゆ	大さじ1 1/2
└ みりん	大さじ1 1/2
└ 酒	大さじ1/2

（下準備）
鶏手羽中は包丁で骨に沿って切り込みを入れる（a）。

(a)

皮が付いていない面に包丁を入れます。

作り方

1　ポリ袋に鶏肉、塩を入れてもみ込む。

2　**1**に水、干ししいたけを加えて全体をなじませ、空気を抜いて袋の口をしばる。冷蔵庫に一晩おく。

3　干ししいたけを取り出して石突を切り落とし、同じ袋に戻す。

4　**3**にAを加えて全体をなじませ、空気を抜いて袋の口をしばる。

5　鍋に水を入れて火にかけ、沸騰したら**4**を入れる。再び沸騰したら弱火にして30分湯せんする。全体が浸かるように途中で袋の上下を返す。火を止め、そのまま5分おく。

Point

2で干ししいたけがしっかり戻るようにきちんと水に浸かっているようにしましょう。鶏肉に干ししいたけのうま味がしみ込みます。

タンドリーチキン

チキンソーセージ

タンドリーチキン

材料 （2人分）

鶏もも肉 ……………………… 1枚
サラダ油 ……………………… 小さじ2

A
┌ プレーンヨーグルト
│ （砂糖不使用）……………… 150g
│ 塩 …………………………… 小さじ1/2
│ こしょう ……………………… 少々
│ カレー粉 …………………… 大さじ1
│ にんにく（すりおろし）
│ ……………………………… 小さじ1/2
│ しょうが（すりおろし）
└ ……………………………… 小さじ1/2
レタス ………………………… 適量

作り方

1 鶏肉は余分な脂を取り除き、一口大に切る。

2 ポリ袋にAを入れてもみ混ぜる。鶏肉を加えて全体をなじませ、空気を抜いて袋の口をしばる。冷蔵庫に2時間以上、できれば半日おく。

3 フライパンにサラダ油を弱火で熱し、漬けだれを軽くぬぐった鶏肉を皮側から入れる。焼き色がついたら上下を返し、同じようにこんがり焼く。

4 器に盛り、レタスを添える。

Point

豚肉や牛肉、骨つきの鶏肉などにも使える漬けだれです。

---

 memo 漬け込むレシピは冷蔵庫に入れるだけ

漬け込むレシピは冷蔵庫に入れておくだけで調味料がしみ込んでおいしくなります。朝漬け込んで夕食に、加熱してから食べましょう。1品準備しているだけで気持ちも楽になります。その日に食べない場合は、漬け込んだまま冷凍しましょう。

チキンソーセージ

材料 (作りやすい分量)

鶏ひき肉	400g
パン粉	大さじ2
牛乳	大さじ2
パセリ（みじん切り）	大さじ2
A 塩	小さじ1/2
A こしょう	小さじ1/4
バター	適量
レタス	適量
貝割れ菜	適量
赤パプリカ（細切り）	適量
粒マスタード	適量

作り方

1 ポリ袋にパン粉、牛乳を入れてふやかす。

2 1にひき肉、パセリ、Aを加えてしっかりもみ混ぜる。

3 肉だねをポリ袋の下のほうへ集めてまとめ（a）（b）、空気を抜いて口をしばる。

4 鍋に水を入れて火にかけ、沸騰したら3を入れる。再び沸騰したら弱火にして30分湯せんする。全体が浸かるように途中で袋の上下を返す。

5 斜め1cm幅に切り、バターを熱したフライパンで表面をこんがり焼く。器に盛り、レタス、貝割れ菜、赤パプリカ、マスタードを添える。

Point

焼かずにそのままいただけますが、ひと手間加えるといっそうおいしくなります。

(a)

手で袋の上から肉だねを下のほうへ集めます。

(b)

スケッパーを使うと簡単に下へ集められます。やさしく下のほうへ集めましょう。フライ返しなどを使ってもよいでしょう。

ぶり大根

サワラの塩昆布蒸し

ぶり大根

材料 (2人分)

ぶり	2切れ
大根	100g
塩	少々
A ┌ しょうゆ	大さじ2
│ 酒	大さじ2
│ みりん	大さじ1
└ 砂糖	大さじ1

（下準備）

ぶりは塩をふり、5分ほどおいて出てきた水分をしっかりふく。ざるにのせて熱湯を回しかけ、水気をしっかりふく(a)。

(a)

ぶりのくさみをとるために熱湯を回しかけます。

作り方

1 大根は1cm厚さのいちょう切りにする。

2 ポリ袋にAを入れてもみ混ぜる。ぶり、大根を加えて全体をやさしくなじませ、空気を抜いて袋の口をしばる。

3 鍋に水を入れて火にかけ、沸騰したら**2**を入れる。再び沸騰したら弱火にして20分湯せんする。全体が浸かるように途中で袋の上下を返す。

Point

ぶり以外の魚でもおいしい煮魚が簡単に作れます。

 memo 崩れやすい煮魚も「ポリ袋湯せん」なら煮崩れしない

下準備で魚に塩をふること、熱湯を回しかけることはひと手間ですが、仕上がりが変わるので必ず行ってください。熱湯は全体にさっとかけるだけで大丈夫です。

サワラの塩昆布蒸し

材料 (2人分)

サワラ ……………………………… 2切れ
塩 ………………………………………… 少々
┌ 塩昆布 ……………………………… 15g
A 酒 ……………………………… 大さじ1
└ みりん ……………………… 大さじ1

（下準備）
サワラは塩をふり、5分ほどおい
て出てきた水分をしっかりふく。
ざるにのせて熱湯を回しかけ、水
気をしっかりふく。

作り方

1　ポリ袋にA、サワラを入れて全体をやさしく
なじませる。空気を抜いて袋の口をしばる。

2　鍋に水を入れて火にかけ、沸騰したら1を入
れる。再び沸騰したら弱火にして20分湯せ
んする。全体が浸かるように途中で袋の上下
を返す。

Point

サワラ以外の白身魚、鯛、たらなどでもおい
しく作れます。

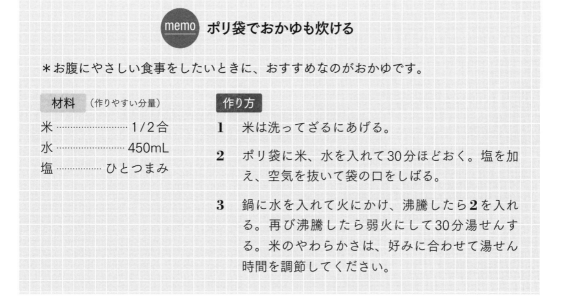

memo ポリ袋でおかゆも炊ける

＊お腹にやさしい食事をしたいときに、おすすめなのがおかゆです。

材料 （作りやすい分量）

米 ……………… 1/2合
水 ……………… 450mL
塩 ……………… ひとつまみ

作り方

1　米は洗ってざるにあげる。

2　ポリ袋に米、水を入れて30分ほどおく。塩を加
え、空気を抜いて袋の口をしばる。

3　鍋に水を入れて火にかけ、沸騰したら2を入れ
る。再び沸騰したら弱火にして30分湯せんす
る。米のやわらかさは、好みに合わせて湯せん
時間を調節してください。

サーモンのオイルマリネ

フィッシュナゲット

サーモンのオイルマリネ

材料 (作りやすい分量)

サーモン（生食用）⋯⋯⋯⋯⋯ 300g

A ┌ 塩 ⋯⋯⋯⋯⋯⋯⋯ 小さじ1/2
　└ 砂糖 ⋯⋯⋯⋯⋯⋯⋯⋯ 小さじ1

B ┌ サラダ油 ⋯⋯⋯⋯⋯⋯ 100mL
　│ レモンの皮（千切り）
　│ ⋯⋯⋯⋯⋯⋯⋯⋯⋯ 1/4個分
　│ ローリエ ⋯⋯⋯⋯⋯⋯ 2枚
　│ 黒粒こしょう ⋯⋯⋯⋯⋯ 10粒
　│ ハーブ（ディル・イタリアン
　└ パセリ・タイムなど）⋯⋯ 適量

作り方

1　ポリ袋にサーモン、Aを入れてもみ込み、15分ほどおく。

2　1にBを加えて全体をやさしくなじませ、空気を抜いて袋の口をしばる。

3　鍋に水を入れて火にかけ、沸騰したら2を入れる。再び沸騰したら弱火にして10分湯せんする。全体が浸かるように途中で袋の上下を返す。火を止め、そのまま冷ます。

Point

スライスしてサラダにのせたり、パスタの具にするのもおすすめです。

---

memo 魚料理のレパートリーを増やしましょう！ ①

高タンパクで低カロリーの魚料理のレパートリーを増やすためにも、「ポリ袋湯せん」の魚レシピをぜひ活用してください。煮崩れするから難しいと感じている方が多い煮魚も、「ポリ袋湯せん」なら、かんたんにおいしく仕上がります。また、魚の種類を変えるだけでレパートリーが一気に広がります。ぶり大根（P.34）はぶりのかわりにいかを使ったり、サワラの塩昆布蒸し（P.35）には鯛やタラなどはいかがでしょう。

フィッシュナゲット

材料 (2人分)

白身魚(鯛・タラなど)
.... 200g(皮なし・正味)
塩 .... 少々

A
┌ にんにく(すりおろし)
│ 小さじ1/2
│ しょうが(すりおろし)
│ 小さじ1/2
│ 砂糖 小さじ1/2
│ こしょう .... 少々
│ 塩こうじ 小さじ2
│ 溶き卵 1/2個分
└ 小麦粉 大さじ1

小麦粉 .... 適量
サラダ油 .... 適量
サラダ菜 .... 適量
トマトケチャップ .... 適量
マスタード .... 適量

(下準備)
白身魚は塩をふり、5分ほどおい
て出てきた水分をしっかりふく。

作り方

1 ポリ袋に白身魚を入れ、めん棒でつぶしてす
り身状にする。

2 1にAを加え、しっかり粘りが出るまでもみ
混ぜる。

3 ポリ袋の角を切り、小麦粉をふったバットに
8等分にしぼり出す(a)。さらに上から小麦
粉を全体にふる。

4 小さめのフライパンにサラダ油を底から1
cmほどまで入れて熱し、3を入れて上下を
返しながらきつね色になるまで揚げ焼きに
する。

5 器に盛り、サラダ菜、ケチャップ、マスター
ドを添える。

Point

鶏ひき肉で作ればおいしいチキンナゲットが
作れます。

(a)

ポリ袋の角を切り、小麦粉をふった
バットにしぼり出します。

いかの韓国風煮

かに玉

いかの韓国風煮

材料 (2人分)

いか	1杯
長ねぎ	5cm
にんにく	1/2片
塩	少々
A しょうゆ	小さじ1
砂糖	小さじ2
酒	大さじ1
コチュジャン	大さじ1
ごま油	小さじ1

（下準備）
いかは内臓を取り除き、1cm幅の輪切り、足は食べやすい大きさに切る。塩をふり、5分ほどおいて出てきた水分をしっかりふく。

作り方

1 長ねぎ、にんにくはみじん切りにする。

2 ポリ袋にAを入れてもみ混ぜる。いか、**1**を加えて全体をやさしくなじませ、空気を抜いて袋の口をしばる。

3 鍋に水を入れて火にかけ、沸騰したら**2**を入れる。再び沸騰したら弱火にして15分湯せんする。全体が浸かるように途中で袋の上下を返す。

Point

いかは内臓を取り除いて輪切りにしたものを使ってもよいでしょう。

 memo　魚料理のレパートリーを増やしましょう！ ②

高タンパクで低カロリーの魚料理のレパートリーを増やすためにも、「ポリ袋湯せん」の魚レシピをぜひ活用してください。サーモンのオイルマリネ（P.38）はカジキマグロやえび、フィッシュナゲット（P.39）はアジやさばなどの青魚を使うと栄養価も上がります。さらに、いかの韓国風煮（P.42）はタコ、さば、さんまなどどんな魚介にも合う味付けになっています。

かに玉

材料 (2人分)

かに（ほぐし身）	50g
卵	3個
長ねぎ	5cm
しいたけ	1枚
A ┌ 塩	少々
こしょう	少々
酒	小さじ1
└ サラダ油	小さじ1/2
B ┌ だし汁	100mL
薄口しょうゆ	小さじ2
みりん	小さじ1
砂糖	ふたつまみ
└ 片栗粉	小さじ1
白髪ねぎ	適量

Point

お好みの卵のかたさになるように時間を調整してください。

作り方

1. 長ねぎは斜め薄切り、しいたけは石突をとって薄切りにする。

2. ポリ袋に卵を割り入れ、Aを加えてもみ混ぜる。袋の口をねじってきっちり閉じ、全体が混ざるようにしっかりふる。

3. **2**にかに、**1**を加えて全体をなじませ、空気を抜いて袋の口をしばる。

4. 別のポリ袋にBを入れ、しっかりもみ混ぜる。

5. 鍋に水を入れて火にかけ、沸騰したら**3**、**4**を入れる。再び沸騰したら弱火にする。

6. 卵の表面がかたまり始めたら袋を取り出す。袋の上から木べらなどで押さえるようにして中央を混ぜ（a）、外側から形作る（b）。

7. 再び袋を鍋に戻し、**5**から**7**までの工程で合計20分ほど湯せんする。全体が浸かるように途中で袋の上下を返す。

8. 器にかに玉を盛り、あんをかけ、白髪ねぎを添える。

(a)

中心にも火が通りやすいように途中で袋を取り出し、袋の上から押さえて混ぜます。

(b)

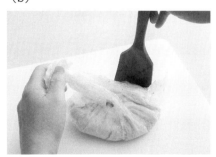

外側から形ぐるっと作ります。

カレーオムレツ

麻婆豆腐

カレーオムレツ

材料 (2人分)

卵	3個
ハム	4枚
玉ねぎ	1/6個
ミニトマト	4個
A ┌ カレー粉	小さじ1/2
├ 塩	小さじ1/4
├ こしょう	少々
└ サラダ油	小さじ1/2
レタス	適量
イタリアンパセリ	適量

作り方

1 玉ねぎ、ハムは粗みじん切り、ミニトマトは4等分に切る。

2 ポリ袋に卵を割り入れ、Aを加えてもみ混ぜる。袋の口をねじってきっちり閉じ、全体が混ざるようにしっかりふる。

3 2に1を加えて全体をなじませ、空気を抜いて袋の口をしばる。

4 鍋に水を入れて火にかけ、沸騰したら3を入れる。再び沸騰したら弱火にする。

5 卵の表面がかたまり始めたら袋を取り出す。袋の上から木べらなどで押さえるようにして中央を混ぜ、外側から形作る。

6 再び袋を鍋に戻し、4から6までの工程で合計20分ほど湯せんする。全体が浸かるように途中で袋の上下を返す。

7 器に盛り、レタス、イタリアンパセリを添える。

Point

お好みの卵のかたさになるように時間を調節してください。

麻婆豆腐

材料 (2人分)

絹ごし豆腐	……………………	300g
豚ひき肉	…………………	100g
長ねぎ	…………………	10cm

A
- 豆板醤（トウバンジャン）…………… 小さじ1〜2
- 甜麺醤（テンメンジャン）………… 小さじ1
- 豆豉醤（トウチジャン）………… 小さじ1
- しょうゆ ………………… 小さじ1
- 紹興酒（しょうこうしゅ）または酒 ……… 大さじ1
- 中華風スープ（顆粒）
  ………………… 小さじ1
- 片栗粉 ………………… 小さじ2

糸唐辛子 ………………………… 適量

（下準備）
豆腐はキッチンペーパーに包んで
ざるにのせ、15分ほど水切りす
る。

作り方

1 豆腐は2cm角、長ねぎはみじん切りする。

2 ポリ袋にAを入れてもみ混ぜ、ひき肉を加えてさらに混ぜる。

3 **2**に**1**を加えて全体をやさしくなじませ、空気を抜いて袋の口をしばる。

4 鍋に水を入れて火にかけ、沸騰したら**3**を入れる。再び沸騰したら弱火にして20分湯せんする。全体が浸かるように途中で袋の上下を返す。

5 袋を取り出し、ひき肉をかるくほぐす。器に盛り、糸唐辛子を添える。

Point

豆板醤の量はお好みの辛さに合わせて調節してください。

 バットやボウル、鍋やフライパンのかわりに大活躍

ポリ袋はバットやボウルのかわりの調理道具として使えるので、とにかく後片付けがとてもかんたん。落ちにくい油や調味料で汚れた大きな鍋やフライパンがないので、片付けの時間短縮になります。

とうもろこしと
しょうがの炊き込みご飯

ごぼうピラフ

とうもろこしとしょうがの炊き込みご飯

材料 （2人分）

米	1合
スイートコーン	60g
しょうが	1/2片
水	170mL
┌ 塩	小さじ1/2
A 薄口しょうゆ	小さじ1/2
└ 酒	小さじ1

作り方

1 米は洗ってざるにあげる。しょうがは千切りにする。

2 ポリ袋に米、水を入れて30分おく。

3 2にしょうが、スイートコーン、Aを加えて全体をなじませ、袋の口をしばる。

4 鍋に水を入れて火にかけ、沸騰したら3を入れる。再び沸騰したら弱火にして30分湯せんする。全体が浸かるように途中で袋の上下を返す。袋を取り出し、5分おく。

Point

生のとうもろこしが手に入る時期は、ぜひ生のものを使ってください。

memo ポリ袋調理後の冷凍保存の方法

＊ポリ袋で調理してすぐに食べない場合は、そのまま冷凍保存できます。

①調理が終わったポリ袋をすぐに冷やします。細菌が増殖しないようになるべく素早く冷やしましょう。氷水を入れたボウルにポリ袋を入れ、袋の中に水が入らないように袋を沈めると、水圧で自然に空気が抜けます。

②袋を取り出し、水気をふいたら、まな板の上において中の食材を平らにします。平らにすることで早く凍り、また冷凍庫の中で保存しやすくなります。

③バットなどに袋をおいて冷凍庫に入れて、平らな状態で凍らせます。金属製のバットを使うとポリ袋の中の食材すぐに冷たくなり、早く凍ります。完全に凍ったら、バットから出して冷凍保存することもできます。

ごぼうピラフ

材料 (2人分)

米	1合
ごぼう	30g
ウインナーソーセージ	3本
水	180mL
A ┌ 塩	少々
└ バター	5g
パセリ（みじん切り）	適量

作り方

1 米は洗ってざるにあげる。ごぼう、ウインナーソーセージは小口切りにする。

2 ポリ袋に米、水を入れて30分おく。

3 **2**にごぼう、ウインナーソーセージ、Aを加えて全体をなじませ、袋の口をしばる。

4 鍋に水を入れて火にかけ、沸騰したら**3**を入れる。再び沸騰したら弱火にして30分湯せんする。全体が浸かるように途中で袋の上下を返す。袋を取り出し、5分おく。

5 器に盛り、パセリを散らす。

Point

ウインナーのかわりにベーコンを使ってもおいしく作れます。

memo 解凍方法

調理手順と同じように皿を入れた鍋に水を入れて火にかけ、沸騰したら凍ったままのポリ袋を入れます。再び沸騰したら弱火にして全体が温まるまで湯せんします。

冷蔵庫で自然解凍したものは湯せんの時間が短くなります。お出かけ前に凍ったポリ袋をバットなどにのせ、冷蔵庫に入れて自然解凍し、帰宅してから湯せんで温めましょう。凍ったまま湯せんするより短時間で中心まで温まります。

加熱しないレシピの場合はボウルに凍ったままのポリ袋を入れ、シンクの中で流水をあてて解凍します。

◆冷凍保存に向かないもの
水分の多い野菜は冷凍保存には向いていません。例えば、じゃがいも、大根、きゅうり、キャベツなどです。野菜の水分が凍って組織が壊れてしまいますし、解凍すると、食感が悪くなってしまいます。

鶏肉のねぎ塩おこわ

中華おこわ

鶏肉のねぎ塩おこわ

材料 （2人分）

米	1/2合
もち米	1/2合
鶏もも肉	100g
長ねぎ	10cm
水	170mL
塩	少々
┌ 塩	小さじ1/2
A 酒	小さじ2
└ ごま油	小さじ1/2

作り方

1 米、もち米は合わせて洗い、ざるにあげる。鶏肉は余分な脂を取り除き、2cm角に切って塩をふる。長ねぎは小口切りにする。

2 ポリ袋に米と水を入れて30分おく。

3 **2**に鶏肉、長ねぎ、Aを加えて全体をなじませ、袋の口をしばる。

4 鍋に水を入れて火にかけ、沸騰したら**3**を入れる。再び沸騰したら弱火にして40分湯せんする。全体が浸かるように途中で袋の上下を返す。袋を取り出し、5分おく。

Point

もち米100%にしてもおいしい。鶏肉のかわりに豚肉やひき肉などでも作れます。

memo おいしくご飯を炊くために

ポリ袋に水を入れて調理するため、ほかのレシピのように冷水をはったボウルに入れて空気を抜かなくても大丈夫です。空気が残ることで、お米がベタッとくっつくのを防ぎます。

中華おこわ

材料 (2人分)

もち米 ……………………………… 1合
干ししいたけ …………………… 1枚
焼き豚 ………………………………… 50g
れんこん …………………………… 50g
水 ……………………………………… 160mL
A ┌ オイスターソース …… 大さじ1
 │ 紹興酒または酒 ……… 小さじ2
 │ 砂糖 ……………………………… 少々
 └ 塩 ………………………………… 少々
白髪ねぎ …………………………… 適量

（下準備）

ポリ袋に干ししいたけと水
（70mL）を入れ、冷蔵庫でやわら
かくなるまで戻す。袋から取り出
し、石突を取って5mm角に切
る。戻し汁はとっておく。

作り方

1 もち米は洗ってざるにあげる。焼き豚は1
cm角、れんこんは5mm角に切る。

2 しいたけを戻したポリ袋にもち米、水（90mL）
を加えて30分おく。

3 2にA、焼き豚、れんこんを加えて全体をな
じませ、袋の口をしばる。

4 鍋に水を入れて火にかけ、沸騰したら3を入
れる。再び沸騰したら弱火にして40分湯せ
んする。全体が浸かるように途中で袋の上下
を返す。袋を取り出し、5分おく。

5 器に盛り、白髪ねぎを添える。

Point

豚肉を鶏肉に替えたり、ぎんなん（水煮）など
を入れるのもおすすめです。

memo 「ポリ袋湯せん」で災害のときにもご飯が炊ける

「ポリ袋湯せん」でご飯を炊く方法は、災害のとき、電気やガスが止まったときにも使
えます。カセットコンロとガスボンベを利用してご飯を炊きますが、汚れないため鍋
に入れる水は再利用可能なので、水の節約にもなります。

鮭の混ぜ寿司

青梗菜と干しえび焼きそば

鮭の混ぜ寿司

材料 (2人分)

米	1合
水	150mL
A ┌ 酢	大さじ2
├ 砂糖	大さじ1 1/2
├ 塩	少々
└ 昆布	1枚（3cm角）

焼き鮭（ほぐし身）	1切れ分
白いりごま	大さじ1
三つ葉（ざく切り）	適量

作り方

1 米は洗ってざるにあげる。

2 ポリ袋に米、水を入れて30分おく。

3 2にAを加えて全体をなじませ、袋の口をしばる。

4 鍋に水を入れて火にかけ、沸騰したら3を入れる。再び沸騰したら弱火にして30分湯せんする。全体が浸かるように途中で袋の上下を返す。袋を取り出し、5分おく。

5 4に鮭、ごまを加え、さっくり混ぜる。

6 器に盛り、三つ葉を添える。

Point

簡単酢飯を使って、いなり寿司や、お弁当にちらし寿司を作ってはいかがでしょう。

memo 「あと一品」足りないときに

野菜の浅漬けやピクルスなど3〜4日保存ができる作りおきおかずがあれば、もう1品足りないというときの強い味方になってくれます。作ってから翌日以降は、味がしみ込み、なじんでおいしくなるので、まとめて数種類作り、保存容器に入れておけば、毎日の献立作りに役立ちます。詳しくは、P.82からのPART4を参考にしてください。

青梗菜と干しえび焼きそば

材料 (2人分)

蒸し麺(焼きそば用) ……………… 2玉
干しえび ……………………………… 15g
青梗菜(チンゲンサイ) ……………………………… 1株
ごま油 ………………………………… 小さじ1
塩 ……………………………………… 少々
A ┌ 塩 ………………………………… 小さじ1/4
  └ 酒 ………………………………… 大さじ1
削り節 ………………………………… 適量

(下準備)
ポリ袋に干しえび、湯(大さじ
2・分量外)を入れ、やわらかく
なるまで戻す。

作り方

1. 青梗菜は2cm幅のそぎ切りにする。麺はざるに入れ、さっと水洗いして水気をしっかりきる。

2. 干しえびを入れたポリ袋にA、青梗菜を加えて全体をなじませ、空気を抜いて袋の口をしばる。

3. 別のポリ袋に麺、ごま油、塩を入れて全体をなじませ、空気を抜いて袋の口をしばる。

4. 鍋に水を入れて火にかけ、沸騰したら2、3を入れる。再び沸騰したら弱火にして15分湯せんする。全体が浸かるように途中で袋の上下を返す。

5. 4の麺と具を合わせて混ぜる。器に盛り、削り節をかける。

Point

下味をつけた麺は、具材となじんでさらにおいしくなります。

memo 栄養が逃げにくく油少なめにできる

「ポリ袋湯せん」はうま味と栄養素を逃しにくい調理法です。ごま油やバターなど風味をつけるための油は使いますが、調理のための油が一般的なレシピより少ないので、カロリーの削減になります。

ブロッコリーの
ショートパスタ

えびのクリームパスタ

ブロッコリーのショートパスタ

材料 （2人分）

ショートパスタ 140g
ブロッコリー 100g
生ハム 50g
にんにく 1/2片
A ┌ 塩 .... 少々
  │ オリーブオイル 大さじ1
  └ 白ワイン 大さじ1
B ┌ チキンコンソメ（顆粒）
  │ 小さじ1/2
  │ 塩 .... 少々
  └ 湯 600mL

粉チーズ .... 適宜

作り方

1 ブロッコリーは小めの小房に分け1cm角、生ハムは5mm幅、にんにくはみじん切りにする。

2 ポリ袋に1、Aを入れて全体をなじませ、空気を抜いて袋の口をしばる。

3 別のポリ袋にパスタ、Bを入れ、袋の口をしばる。

4 鍋に水を入れて火にかけ、沸騰したら2、3を入れる。再び沸騰したら弱火にし、2は15分湯せんする。3はパスタの茹で時間表示より2分長く湯せんする。2は全体が浸かるように途中で袋の上下を返す。

5 4のソースと湯を切ったパスタを合わせて混ぜる。器に盛り、お好みで粉チーズをかける。

Point

パスタは袋の表示を確認して、茹で時間より2分長く湯せんします。お好みの種類のパスタで作ってください。

 memo パスタ調理の際には袋の上のほうをしばる

ポリ袋に湯を入れて調理するパスタは熱湯に気をつけて、なるべく袋の上のほうをしばるようにしてください。ほかのレシピのように冷水をはったボウルに入れて空気を抜かなくても大丈夫です。また湯せんの途中で上下を返さなくてもよいでしょう。

えびのクリームパスタ

材料 (2人分)

スパゲッティ ……………………… 140g
えび …………………………………… 8尾
玉ねぎ ………………………………… 1/8個
サラダほうれん草 ………………… 50g
塩 ……………………………………… 少々
A ┌ 生クリーム ……………… 100mL
  │ 白ワイン ………………… 大さじ1
  │ 塩 ………………………… 小さじ1/2
  └ バター …………………………… 10g
B ┌ チキンコンソメ（顆粒）
  │ ……………………………… 小さじ1/2
  │ 塩 ………………………………… 少々
  └ 湯 ……………………………… 600mL
粗びき黒こしょう ………………… 適量

（下準備）
えびは洗って背ワタと殻を取り除く。塩をふって5分ほどおき、出てきた水気をしっかりふく。

作り方

1 玉ねぎはみじん切り、サラダほうれん草は4cm長さに切る。

2 ポリ袋にA、えび、1を入れて全体をなじませ、空気を抜いて袋の口をしばる。

3 別のポリ袋に半分に折ったスパゲッティ（a）、Bを入れ、袋の口をしばる。

4 鍋に水を入れて火にかけ、沸騰したら2、3を入れる。再び沸騰したら弱火にし、2は10分湯せんする。3はスパゲッティの茹で時間表示より2分長く湯せんする。2は全体が浸かるように途中で袋の上下を返す。

5 4のソースと湯をきったスパゲッティを合わせて混ぜる。器に盛り、黒こしょうを散らす。

Point

えびは火を通しすぎるとかたくなりやすいのですが、湯せんで調理するとプリッとしたよい食感に仕上がります。

(a)

スパゲッティは手で半分に折ってからポリ袋に入れます。

フレッシュトマトのパスタ

カオマンガイ

フレッシュトマトのパスタ

材料 （2人分）

スパゲッティ ……………………… 140g
ベーコン（厚切り） ……………… 80g
トマト（熟したもの） …………… 1個
玉ねぎ ……………………………… 1/4個
にんにく …………………………… 1/2片
赤唐辛子 …………………………… 1/2本
A ┌ 塩 …………………………… 小さじ1/2
　└ オリーブオイル ……… 小さじ2
B ┌ チキンコンソメ（顆粒）
　│　　　　　　　　…… 小さじ1/2
　├ 塩 ………………………………… 少々
　└ 湯 ……………………………… 600mL

パセリ（みじん切り） …………… 適量
粉チーズ …………………………… 適宜

作り方

1 ベーコンは5mm幅の拍子木切り、トマトは小さめにざく切り、玉ねぎ、にんにくはみじん切りにする。赤唐辛子は種を取り除く。

2 ポリ袋に**1**、Aを入れて全体をなじませ、空気を抜いて袋の口をしばる。

3 別のポリ袋に半分に折ったスパゲッティ、Bを入れ、袋の口をしばる。

4 鍋に水を入れて火にかけ、沸騰したら**2**、**3**を入れる。再び沸騰したら弱火にし、**2**は15分湯せんする。**3**はスパゲッティの茹で時間表示より2分長く湯せんする。**2**は全体が浸かるように途中で袋の上下を返す。

5 **4**のソースと湯をきったスパゲッティを合わせて混ぜる。器に盛り、パセリを散らし、お好みで粉チーズをかける。

Point

トマトはなるべく熟したものを使ってください。手に入らない場合はトマトの水煮（200g）で代用しましょう。

カオマンガイ

材料 (2人分)

米 ……………………………… 1合
水 ……………………………… 180mL
鶏もも肉 ……………………… 1枚
塩 ……………………………… ふたつまみ
にんにく ……………………… 1/2片
しょうが ……………………… 1/2片
A ┌ 紹興酒または酒 ……… 大さじ1
  └ ナンプラー …………… 小さじ1
B ┌ ナンプラー ………… 大さじ1/2
  │ 砂糖 …………………… 小さじ1
  └ 赤唐辛子（乾燥・輪切り）… 適量

アーモンド（小さく砕いたもの）
……………………………… 適量
香菜（ざく切り）…………… 適宜
レモン（くし切り）………… 適宜

作り方

1　米は洗ってざるにあげる。

2　ポリ袋に米、水を入れて30分ほどおき、袋の口をしばる。

3　鶏肉は余分な脂を取り除き、塩をふる。にんにく、しょうがは薄切りにする。

4　ポリ袋にA、3を入れて全体をなじませ、空気を抜いて袋の口をしばる。

5　鍋に水を入れて火にかけ、沸騰したら2、4を入れる。再び沸騰したら弱火にして2は30分、4は20分湯せんする。全体が浸かるように途中で袋の上下を返す。

6　たれを作る。ボウルにB、鶏肉の煮汁（大さじ1）、しょうが（2枚）を取り出して千切りにして混ぜる。

7　5のご飯に鶏肉の煮汁（大さじ2）を加えて混ぜる。

8　器にご飯を盛り、食べやすい大きさに切った鶏肉をのせる。たれをかけ、アーモンドを散らし、お好みで香菜、レモンを添える。

Point

ひと手間かかりますが、鶏肉は余分な脂を取り除くとくさみが取れておいしく仕上がります。

さつまいもおこわ (作り方：P.72)

大根と白菜の
とろみあんかけ
(作り方：P.72)

鶏ささみの
柚子胡椒和え
(作り方：P.70)

大根と白菜の
とろみあんかけ
3(P.72)で鍋へ

鶏ささみの
柚子胡椒和え
3で鍋へ

さつまいもおこわ
4(P.72)で鍋へ

鶏ささみの柚子胡椒和え

材料 (2人分)

鶏ささみ	4本
青ねぎ	1本
┌ 薄口しょうゆ	小さじ1/2
│ 酒	大さじ1
A 柚子胡椒	小さじ1 1/2
│ 砂糖	小さじ1/2
└ 片栗粉	小さじ1

作り方

1 ささみは筋を取り、4等分にそぎ切り、青ねぎは斜め1cm幅に切る。

2 ポリ袋にAを入れてもみ混ぜる。**1**を加えて全体をなじませ、空気を抜いて袋の口をしばる。

3 鍋に水を入れて火にかけ、沸騰したら**2**を入れる。再び沸騰したら弱火にして20分湯せんする。全体が浸かるように途中で袋の上下を返す。

チリコンカン
（作り方：P.71）

キャロットラペ（作り方：P.73）

温泉卵・ご飯
（作り方：P.73）

温泉卵
2（P.73）で鍋へ

ご飯
3（P.73）で鍋へ　　チリコンカン
4で鍋へ

チリコンカン

<table>
<tr><td colspan="2">**材料** （2人分）</td></tr>
</table>

合びき肉 ……………………………… 200g

ミックスビーンズ ………………… 100g

セロリ ………………………………… 80g

にんにく …………………………… 1/2片

トマトの水煮 ……………………… 180g

A
┌ 塩 ………………………… 小さじ1/2
│ こしょう ……………………… 少々
│ チリパウダー ………………… 少々
│ ナツメグパウダー … 小さじ1/2
│ パプリカパウダー … 小さじ1/4
│ チキンコンソメ（顆粒）
│ ……………………………… 小さじ1
└ 赤ワイン ………………… 小さじ2

レタス ……………………………… 適量

作り方

1 セロリ、にんにくは粗みじん切りにする。

2 ポリ袋にひき肉、Aを入れてもみ込む。

3 **2**に**1**、ミックスビーンズ、トマトの水煮を加えて全体をなじませ、空気を抜いて袋の口をしばる。

4 鍋に水を入れて火にかけ、沸騰したら**3**を入れる。再び沸騰したら弱火にして30分湯せんする。全体が浸かるように途中で袋の上下を返す。

5 器にご飯、**4**を盛り、レタスを添え、温泉卵をのせる。

さつまいもおこわ

材料 (2人分)

米	1/2合
もち米	1/2合
さつまいも	100g
水	180mL
A　塩	小さじ1/2
酒	小さじ1
黒いりごま	適量

作り方

1. 米、もち米は合わせて洗い、ざるにあげる。さつまいもはきれいに洗って皮ごと1cm角に切る。

2. ポリ袋に米、水を入れて30分ほどおく。

3. 2にA、さつまいもを加えて全体をなじませ、袋の口をしばる。

4. 鍋に水を入れて火にかけ、沸騰したら3を入れる。再び沸騰したら弱火にして40分湯せんする。全体が浸かるように途中で袋の上下を返す。袋を取り出し、5分おく。

5. 器に盛り、ごまをふる。

大根と白菜のとろみあんかけ

材料 (2人分)

大根	150g
白菜	1枚
ゆず皮	1/8個分
A　だし汁	100mL
薄口しょうゆ	小さじ2
みりん	大さじ1
片栗粉	小さじ2

作り方

1. 大根は5mm幅の半月切り、白菜は2cm幅のそぎ切り、ゆず皮は千切りにする。

2. ポリ袋にAを入れてもみ混ぜる。1を加えて全体をなじませ、空気を抜いて袋の口をしばる。

3. 鍋に水を入れて火にかけ、沸騰したら2を入れる。再び沸騰したら弱火にして30分湯せんする。全体が浸かるように途中で袋の上下を返す。

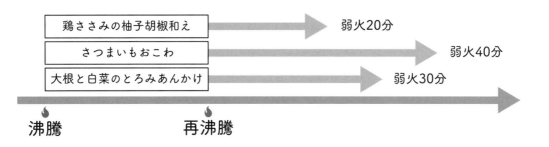

鶏ささみの柚子胡椒和え	弱火20分
さつまいもおこわ	弱火40分
大根と白菜のとろみあんかけ	弱火30分

沸騰　　　再沸騰

温泉卵

材料 （2人分）

卵 ……………………………………………… 2個

作り方

1 ポリ袋に卵を入れる。空気を抜いて袋の口をしばる。

2 鍋に水を入れて火にかけ、沸騰したら**1**を入れる。再び沸騰したら弱火にして5分湯せんする。

3 ボウルに**2**と袋がかぶるくらいの熱湯を取り出し、そのまま30分おく。かたくしたい場合はボウルにおく時間を長くする。

ご飯

材料 （2人分）

米 …………… 1合　水 ………… 180mL

作り方

1 米は洗ってざるにあげる。

2 ポリ袋に米、水を入れて30分ほどおき、空気を抜いて袋の口をしばる。

3 鍋に水を入れて火にかけ、沸騰したら**2**を入れる。再び沸騰したら弱火にして30分湯せんする。全体が浸かるように途中で袋の上下を返す。袋を取り出し、5分おく。

キャロットラペ

材料 （作りやすい分量）

にんじん ………………………………… 1本
┌ レモン汁 …………………………… 大さじ1
│ オリーブオイル ………………… 大さじ1
A 粒マスタード …………………… 小さじ1
│ 塩 …………………………………… ふたつまみ
└ こしょう …………………………… 少々

イタリアンパセリまたはパセリ
（みじん切り）…………………………… 大さじ1

作り方

1 にんじんは千切りにする。

2 ポリ袋にAを入れてもみ混ぜる。にんじんを加えて全体をなじませ、空気を抜いて袋の口を閉じてしばる。

3 冷蔵庫に入れて30分以上おく。

4 **3**にパセリを加えて混ぜる。

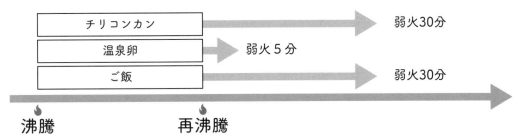

チリコンカン	弱火30分
温泉卵	弱火5分
ご飯	弱火30分

沸騰　　　　　再沸騰

ルーローハン（作り方：P.74）

ご飯（作り方：P.73）

きくらげザーサイ和え
（作り方：P.76）

きくらげ
ザーサイ和え
2（P.76）で鍋へ

ルーローハン
4で鍋へ

ご飯
3で鍋へ
（P.73参照）

ルーローハン

材料 (2人分)

豚バラ肉（焼肉用）	200g
長ねぎ	5cm
しょうが	1/2片
ごま油	小さじ1/2
A ┌ 黒砂糖	大さじ1
紹興酒（しょうこうしゅ）または酒	大さじ1
五香粉（ウーシャンフェン）	小さじ1/2
しょうゆ	大さじ1
オイスターソース	小さじ1
└ 中華風スープ	50mL
香菜	適宜

作り方

1 豚肉は2cm幅、長ねぎ、しょうがはみじん切りにする。

2 フライパンにごま油を熱し、豚肉を入れて全体の色が変わるまで炒める。

3 ポリ袋にAを入れてもみ混ぜる。豚肉、長ねぎ、しょうがを加えて全体をなじませ、空気を抜いて袋の口をしばる。

4 鍋に水を入れて火にかけ、沸騰したら3を入れる。再び沸騰したら弱火にして30分湯せんする。全体が浸かるように途中で袋の上下を返す。

5 器にご飯を盛り、4をのせ、お好みで香菜を添える。

ミニトマトのマリネ
（作り方：P.77）

マッシュポテト（作り方：P.77）

豚スペアリブの赤ワイン煮（作り方：P.75）

豚スペアリブの
赤ワイン煮
4で鍋へ

マッシュポテト
3（P.77）で鍋へ

（下準備）
スペアリブは調理の1時間ほど前に冷蔵庫から出し、竹串などで数カ所穴を開ける。

豚スペアリブの赤ワイン煮

材料 （2人分）

豚スペアリブ
　……………… 4本（400〜500g）
にんにく ……………………… 1/2片
塩 ……………………………… 小さじ1
こしょう ……………………… 少々
オリーブオイル …………… 小さじ1

A ┌ 赤ワイン ………………… 大さじ2
　│ バルサミコ酢 ………… 大さじ1
　│ しょうゆ ……………… 小さじ2
　│ はちみつ ……………… 大さじ1
　│ チキンコンソメ（顆粒）
　└ ………………………… 小さじ1
レーズン ……………………… 20g

作り方

1　スペアリブは塩、こしょうをすり込み10分おく。

2　フライパンににんにくとオリーブオイルを入れて熱し、香りが立ったらスペアリブを加える。転がしながら表面全体に焼き色をつける。

3　ポリ袋にAを入れてもみ混ぜる。スペアリブ、レーズンを加えて全体をなじませ、空気を抜いて袋の口をしばる。

4　鍋に水を入れて火にかけ、沸騰したら3を入れる。再び沸騰したら弱火にして30分湯せんする。全体が浸かるように途中で袋の上下を返す。

きくらげザーサイ和え

材料 (2人分)

きくらげ（乾燥）………………… 10g

ザーサイ（ホール）………………… 50g

┌ ごま油 ………………………… 小さじ1

A しょうゆ ……………… 小さじ1/2

└ 酢 …………………………… 小さじ1

白いりごま ……………………… 適量

（下準備）

きくらげは熱湯につけて戻し、かたいところは取り除き、食べやすい大きさに切る。ザーサイは薄切りにして水にさらし、塩を抜き、水気をしっかりきる。

（ご飯の作り方はP.73参照）

作り方

1 ポリ袋にAを入れてもみ混ぜる。きくらげを加えて全体をなじませ、空気を抜いて袋の口をしばる。

2 鍋に水を入れて火にかけ、沸騰したら**1**を入れる。再び沸騰したら弱火にして5分湯せんする。

3 袋を取り出し、ザーサイを加えて全体を混ぜる。

4 器に盛り、ごまをふる。

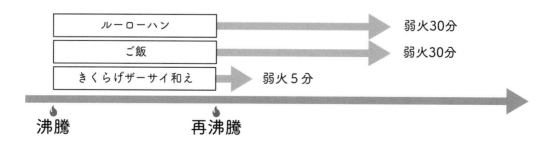

マッシュポテト

材料 (2人分)

じゃがいも …………… 2個（約180g）
牛乳 ……………………………… 50mL
塩 ………………………………… ひとつまみ
バター ………………………………… 10g
パセリ（みじん切り）………………… 適量

Point

4では、じゃがいもは冷め切る前につぶしましょう。

作り方

1 じゃがいもは薄切りにする。

2 ポリ袋にパセリ以外のすべての材料を入れ、空気を抜いて袋の口をしばる。

3 鍋に水を入れて火にかけ、沸騰したら**2**を入れる。再び沸騰したら弱火にして30分湯せんする。全体が浸かるように途中で袋の上下を返す。

4 袋を取り出し、ポリ袋の上からめん棒でじゃがいもをつぶす。

5 器に盛り、パセリを散らす。

ミニトマトのマリネ

材料 （作りやすい分量）

ミニトマト ……………………………… 12個
┌ レモン汁 ………………………… 大さじ2
│ 砂糖 …………………………… 小さじ2
A
│ 塩 ……………………………………… 少々
└ オリーブオイル ……… 大さじ1

作り方

1 ミニトマトはヘタを取り、竹串で4〜5カ所穴を開ける。

2 ポリ袋にAを入れてもみ混ぜる。ミニトマトを加えて全体をなじませ、空気を抜いて袋の口をしばる。

3 冷蔵庫に入れて1時間以上おく。

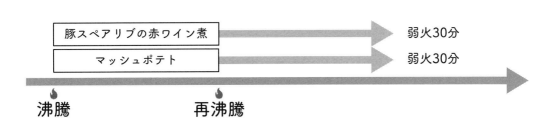

豚スペアリブの赤ワイン煮　　弱火30分
マッシュポテト　　弱火30分

沸騰　　　　　　再沸騰

ピクルス
（作り方：P.80）

キーマカレー （作り方：P.78）

スパイスライス （作り方：P.80）

キーマカレー
3で鍋へ

スパイスライス
3（P.80）で鍋へ

キーマカレー

材料 （2人分）

牛ひき肉 ……………………………… 200g
玉ねぎ ………………………………… 1/4個
オクラ …………………………………… 4本
にんにく ……………………………… 1/2片
しょうが ……………………………… 1/2片
トマト ………………………………… 1/2個
赤唐辛子（乾燥） ……………………… 1本

A ┌ カレー粉 ………… 大さじ1 1/2
　│ 塩 ……………………… 小さじ1/2
　│ こしょう ……………………… 少々
　│ 白ワイン ……………………… 大さじ1
　└ はちみつ ……………………… 小さじ1

作り方

1 玉ねぎ、にんにく、しょうがは粗みじん切り、オクラは小口切り、トマトはざく切りにする。赤唐辛子は種を取り除く。

2 ポリ袋にひき肉、Aを入れてもみ混ぜる。**1**を加えて全体をなじませ、空気を抜いて袋の口をしばる。

3 鍋に水を入れて火にかけ、沸騰したら**2**を入れる。再び沸騰したら弱火にして30分湯せんする。全体が浸かるように途中で袋の上下を返す。

鶏もも肉の紅茶煮
(作り方：P.79)

きのこのマリネ (作り方：P.81)

厚揚げと小松菜煮
(作り方：P.81)

きのこのマリネ
4（P.81）で鍋へ

鶏もも肉の紅茶煮
3で鍋へ

厚揚げと小松菜煮
3（P.81）で鍋へ

鶏もも肉の紅茶煮

材料 （2人分）

鶏もも肉 ………………………… 1枚
A ┌ 紅茶（ティーバッグ）……… 1包
  └ 水 ……………………… 200mL
辛子 …………………………… 適量
しょうゆ ……………………… 適量

Point

ポリ袋に水を入れて調理するため、空気は抜きにくいので、完全に空気が抜けきらなくても大丈夫です。

作り方

1 鶏肉は余分な脂を取り除く。

2 ポリ袋にA、鶏肉を入れて全体をなじませ、空気を抜いて袋の口をしばる。

3 ふたのできる鍋に水を入れて火にかけ、沸騰したら2を入れる。再び沸騰したら弱火にして10分湯せんする。全体が浸かるように途中で袋の上下を返す。

4 火を止め、ふたをしてそのまま湯が人肌程度になるまでおく。お好みの厚さに切って皿に盛る。辛子、しょうゆをつけていただく。

スパイスライス

材料 (2人分)

米	1合
水	180mL
⎡ ターメリックパウダー	小さじ1/4
A クミンパウダー	小さじ1/4
⎢ ローリエ	1枚
⎣ バター	5g

作り方

1　米は洗ってざるにあげる。

2　ポリ袋に米、水を入れて30分ほどおく。A を加えて全体をなじませ、袋の口をしばる。

3　鍋に水を入れて火にかけ、沸騰したら**2**を入れる。再び沸騰したら弱火にして30分湯せんする。全体が浸かるように途中で袋の上下を返す。袋を取り出し、5分おく。

ピクルス

材料 (2人分)

きゅうり	1本
にんじん	1/2本
大根	100g
赤唐辛子(乾燥・輪切り)	ふたつまみ
⎡ 塩	ふたつまみ
A 酢	100mL
⎣ 砂糖	大さじ3

作り方

1　きゅうりは横に3等分して縦6等分、にんじん、大根は5cm長さの拍子木切りにする。

2　ポリ袋にAを入れてもみ混ぜる。**1**、赤唐辛子を加えて全体をなじませ、空気を抜いて袋の口をしばる。

3　冷蔵庫に入れて1日以上おく。

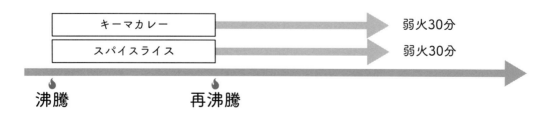

きのこのマリネ

材料 (2人分)

しいたけ	2枚
しめじ	30g
エリンギ	1本
塩	少々
A 酒	小さじ1
サラダ油	大さじ1
こしょう	少々
赤唐辛子(乾燥・輪切り)	少々

作り方

1 しいたけは石突を取って十文字に切る。しめじは石突を取って小房に分け、エリンギは長さを2等分して縦5mm幅に切る。

2 ポリ袋に1、塩を入れ、ふり混ぜる。

3 2にAを加えて全体をなじませ、空気を抜いて袋の口をしばる。

4 鍋に水を入れて火にかけ、沸騰したら3を入れる。再び沸騰したら弱火にして15分湯せんする。全体が浸かるように途中で袋の上下を返す。

5 袋を取り出し、粗熱が取れたら冷蔵庫で冷やす。

厚揚げと小松菜煮

材料 (2人分)

厚揚げ	1枚(150g)
小松菜	1株
A だし汁	100mL
しょうゆ	小さじ1
砂糖	小さじ2

(下準備)
厚揚げは湯通しする。

作り方

1 厚揚げは1cm幅、小松菜は5cm長さに切る。

2 ポリ袋にAを入れてもみ混ぜる。1を加えて全体をなじませ、空気を抜いて袋の口をしばる。

3 鍋に水を入れて火にかけ、沸騰したら2を入れる。再び沸騰したら弱火にして20分湯せんする。全体が浸かるように途中で袋の上下を返す。

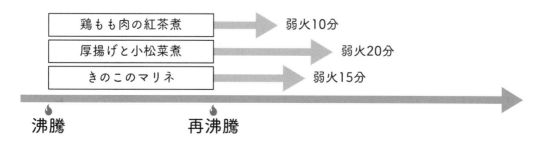

鶏もも肉の紅茶煮	弱火10分
厚揚げと小松菜煮	弱火20分
きのこのマリネ	弱火15分

沸騰　　再沸騰

ポテトサラダ

さつまいものレモン煮

ひじきのごま煮

なすのじゃこ煮

ポテトサラダ

材料 （作りやすい分量）

じゃがいも ………… 2個（約180g）
玉ねぎ ……………………………… 1/6個
さやいんげん ……………………… 5本
┌ 白ワイン …………………… 大さじ1
│ オリーブオイル ……… 大さじ1
│ 塩 ……………………… ふたつまみ
A こしょう ……………………… 少々
│ チキンコンソメ（顆粒）
└ ……………………… 小さじ1
マヨネーズ ………………… 大さじ1
粗びき黒こしょう ……………… 適量

Point

4で熱い場合は布巾などで包んでつぶしましょう。

作り方

1 じゃがいもは皮をむいて1cm角、玉ねぎは縦に薄切り、いんげんは斜め1cm幅に切る。

2 ポリ袋にAを入れてもみ混ぜる。1を加えてなじませ、空気を抜いて袋の口をしばる。

3 鍋に水を入れて火にかけ、沸騰したら2を入れる。再び沸騰したら弱火にして30分湯せんする。全体が浸かるように途中でポリ袋の上下を返す。

4 袋を取り出し、袋の上からお好みの粗さにつぶす。マヨネーズを加えて混ぜる。

5 器に盛り、黒こしょうを散らす。

さつまいものレモン煮

材料 （作りやすい分量）

さつまいも ………… 1本（約200g）
レモン（薄切り） ………………… 3枚
┌ だし汁 …………………… 100mL
A 砂糖 …………………… 大さじ2
└ 塩 ………………… ひとつまみ

Point

さつまいもの甘さに合わせて砂糖の量は調節してください。シナモンスティックやレーズンを入れてもおいしくできます。

作り方

1 さつまいもはきれいに洗って皮ごと1cm幅の輪切りにする。

2 ポリ袋にAを入れてもみ混ぜる。さつまいも、レモンを加えて全体をなじませ、空気を抜いて袋の口をしばる。

3 鍋に水を入れて火にかけ、沸騰したら2を入れる。再び沸騰したら弱火にして30分湯せんする。全体が浸かるように途中でポリ袋の上下を返す。

ひじきのごま煮

材料 （作りやすい分量）

芽ひじき（乾燥） ························· 10g
白すりごま ····················· 大さじ2
A ┌ サラダ油 ················· 小さじ1
　│ しょうゆ ················· 小さじ2
　│ 砂糖 ······················· 小さじ1
　└ みりん ····················· 小さじ1

（下準備）
芽ひじきは水で戻して水気をしっかりしぼる。

作り方

1 ポリ袋にAを入れてもみ混ぜる。ひじきを加えて全体をなじませ、空気を抜いて袋の口をしばる。

2 鍋に水を入れて火にかけ、沸騰したら**1**を入れる。再び沸騰したら弱火にして15分湯せんする。全体が浸かるように途中で袋の上下を返す。

3 袋を取り出してごまを加え、全体を混ぜる。

なすのじゃこ煮

材料 （作りやすい分量）

なす ························ 2本（約180g）
ちりめんじゃこ ············· 大さじ2
A ┌ 酒 ······················· 小さじ2
　│ みりん ····················· 大さじ1
　│ 薄口しょうゆ ··········· 小さじ2
　└ 酢 ······················· 大さじ1

Point

ちりめんじゃこから出るうま味と塩味をいかします。

作り方

1 ポリ袋にじゃこ、熱湯（大さじ1・分量外）を入れて、5分おく。

2 なすはヘタを取り除いて縦に2等分し、皮目に5mm間隔で格子状に切り目を入れ、横に2cm幅に切る。

3 **1**のポリ袋にAを入れてもみ混ぜる。**2**を加えてなじませ、空気を抜いて袋の口をしばる。

4 鍋に水を入れて火にかけ、沸騰したら**3**を入れる。再び沸騰したら弱火にして15分湯せんする。全体が浸かるように途中で袋の上下を返す。

浅漬け

チャプチェ

カポナータ

切り干し大根

浅漬け

材料 （作りやすい分量）

キャベツ	2枚
みょうが	1個
A ┌ 昆布茶	大さじ1
└ 酢	小さじ1

作り方

1　キャベツは一口大、みょうがは小口切りにする。

2　ポリ袋に1、Aを入れ、袋の口をねじってきっちり閉じ、全体が混ざるようにしっかりふる。

3　冷蔵庫に入れて30分以上おく。

Point

白菜、きゅうり、大根など冷蔵庫に残った野菜で作れます。

チャプチェ

材料 （作りやすい分量）

牛薄切り肉	100g
緑豆春雨	30g
しいたけ	2枚
にんじん	20g
にら	2本
ごま油	小さじ1
水	100mL
A ┌ しょうゆ	大さじ1
│ 酒	大さじ1
│ 砂糖	小さじ2
└ ごま油	小さじ1
白いりごま	適量

作り方

1　牛肉は一口大、しいたけは石突を取って薄切り、にんじんは細切り、にらは5cm長さに切る。

2　フライパンにごま油を熱し、牛肉を入れて全体の色が変わるまで炒める。

3　ポリ袋にAを入れてもみ混ぜる。2を加えてさらに混ぜる。

4　3にしいたけ、にんじん、にら、水を加える。春雨はハサミで5cm長さに切りながら加える。袋の口をしばる。

5　鍋に水を入れて火にかけ、沸騰したら4を入れる。再び沸騰したら弱火にして20分湯せんする。全体が浸かるように途中で袋の上下を返す。

6　器に盛り、ごまをふる。

Point

春雨を下茹でせずに作れるので、とっても簡単。春雨の歯応えもしっかり残っています。

カポナータ

玉ねぎ ………………………… 1/4個
赤パプリカ ……………………… 1/2個
黄パプリカ ……………………… 1/2個
ズッキーニ ……………………… 1本
にんにく ………………………… 1/2片
A
┌ 白ワイン …………………… 大さじ1
│ オリーブオイル ……… 大さじ1
│ 塩 ………………………… 小さじ1/2
└ こしょう ………………………… 少々

作り方

1 玉ねぎ、にんにくは粗みじん切りにする。パプリカ、なす、ズッキーニは1cm角に切る。

2 ポリ袋にAを入れてもみ混ぜる。1を加えて全体をなじませ、空気を抜いて袋の口をしばる。

3 鍋に水を入れて火にかけ、沸騰したら2を入れる。再び沸騰したら弱火にして30分湯せんする。全体が浸かるように途中で袋の上下を返す。

Point

野菜のうま味と歯応えが残った一味違うカポナータです。

切り干し大根

材料 （作りやすい分量）

切り干し大根（乾燥）……………… 40g
油揚げ …………………………… 1枚
にんじん ………………………… 1/4本
A
┌ しょうゆ ………… 大さじ1 1/2
└ 砂糖 ……………… 大さじ1 1/2

（下準備）
切り干し大根は水で戻して水気をしっかりしぼる。戻し汁（大さじ2）は取っておく。油揚げは湯通しをする。

作り方

1 切り干し大根はざく切り、にんじん、油揚げは1cm幅の短冊切りにする。

2 ポリ袋にA、戻し汁を入れてもみ混ぜる。1を加えて全体をなじませ、空気を抜いて袋の口をしばる。

3 鍋に水を入れて火にかけ、沸騰したら2を入れる。再び沸騰したら弱火にして30分湯せんする。全体が浸かるように途中で袋の上下を返す。

Point

切り干し大根のうま味が出た戻し汁を使います。

レーズンとチョコの
ドロップクッキー

蒸しパン

レーズンとチョコのドロップクッキー

材料 (8枚分)

A
- 薄力粉 ……………………… 100g
- 砂糖 ……………………… 50g
- ベーキングパウダー
  ……………………… 小さじ1/4
- 塩 ……………………… ひとつまみ

B
- バター ……………………… 30g
- 牛乳 ……………………… 30g

C
- レーズン ……………………… 20g
- チョコレート ……………………… 30g

（下準備）
- バターは溶かしバターにする。
- 天板にオーブン用シートを敷く。
- オーブンは170℃に温める。

作り方

1 ポリ袋にAを入れる。袋の口をねじってきっちり閉じ、全体が混ざるようにしっかりふる（a）。

2 しっかり混ぜ合わせたBを加え、袋の口をねじってきっちり閉じ、外側から生地をもみ混ぜながらひとつにまとめる（b）。

3 2にCを加えてもみ混ぜる。

4 袋を切り開き（c）、生地をスプーンで1/8量ずつとって（d）天板に並べ、軽く押さえて平らにする。

5 170℃のオーブンで15〜18分焼く。

(a)

袋の口をきっちり閉じ、底に手を添えて全体が混ざるように上下左右にふります。

(b)

全体がなめらかになるまで袋の外側からやさしくもみ混ぜます。

(c)

袋の2辺をハサミで切り開きます。

(d)

スプーンで生地を1/8量ずつ取り分けます。

蒸しパン

材料（直径5cmのプリンカップ4個分）

- A ┌ 薄力粉 ……………………… 100g
  - │ 砂糖 ……………………… 40g
  - └ ベーキングパウダー
    …………………………… 小さじ1
- B ┌ 卵 …………………………… 1個
  - │ 牛乳 ……………………… 100g
  - └ サラダ油 ………………… 15g

（下準備）
- 卵、牛乳は室温に戻す。
- プリンカップにグラシンカップ を敷く。
- 蒸し器を用意する。

作り方

1　ポリ袋にAを入れる。袋の口をねじってきっちり閉じ、全体が混ざるようにしっかりふる。

2　しっかり混ぜ合わせたBを半量加え、袋の口をねじってきっちり閉じ、全体をなじませる。

3　残りのBを加え、袋の中の空気を抜いて口をねじってきっちり閉じ、全体がなめらかになるまで袋の外側からもみ混ぜる。

4　袋の角をハサミで切り（a）、生地を型に均等に流し入れる（b）。

5　蒸気の上がった蒸し器に並べ、布巾で包んだふたをし、中火で10～12分蒸す。

＊電子レンジで作るときは、耐熱容器にグラシンカップを敷いて生地を流し入れます。電子レンジ（500W）で4～5分加熱します。

（a）

袋の角をハサミで切って、しぼり袋として使います。

（b）

袋から直接型に流し入れます。

Point

粉チーズを混ぜたり、さつまいも、りんご、レーズンを混ぜ込んでもおいしいです。

どら焼き

材料 （2個分）

A
- 薄力粉 ……………………… 50g
- 砂糖 ………………………… 25g
- ベーキングパウダー
  …………………………… 小さじ1/4

B
- 卵 …………………………… 1/2個
- みりん ……………………… 10g
- はちみつ …………………… 10g
- 牛乳 ………………………… 20g

サラダ油 ………………………… 適量

粒あん …………………………… 適量

（下準備）
卵は室温に戻す。

（a）

袋から直接円形にしぼり出します。

作り方

1 ポリ袋にAを入れる。袋の口をねじってきっちり閉じ、全体が混ざるようにしっかりふる。

2 しっかり混ぜ合わせたBを加え、袋の口をねじってきっちり閉じ、全体がなめらかになるまで袋の外側からもみ混ぜる。

3 フライパンにサラダ油を薄くひいて熱し、いちど火からおろす。袋の角をハサミで切り、生地を直径10cmほどの円形にしぼる（a）。

4 再び火にかけ、焼き色がついたら裏返し、裏面も焼いて取り出す。残りの生地も同じように焼いて冷ます。

5 きれいな焼き色のほうを外側にし、粒あんを挟む。

Point

小さく焼いてミニどら焼きにするなど、お好みの大きさに焼いてください。

りんごのコンポート

材料 （作りやすい分量）

りんご	1個
砂糖	50g
湯	100mL
シナモン	1本
レモン汁	小さじ1
ミント	適量

作り方

1　りんごは8等分して皮と芯を取り除く。

2　ポリ袋に砂糖、湯を入れ、スプーンなどで混ぜて砂糖を溶かす。

3　**2**にりんご、シナモン、レモン汁を加え、空気を抜いて袋の口をしばる。

4　鍋に水を入れて火にかけ、沸騰したら**3**を入れる。再び沸騰したら弱火にして30分湯せんする。全体が浸かるように途中で袋の上下を返す。

5　器に盛り、ミントを添える。

Point

りんごのかわりに洋梨で作るのもおすすめです。袋に湯を入れるときは注意してください。

〈著者紹介〉

だいぼうかおり

料理家、スタイリスト。イギリス留学を経て編集者に。料理ページを担当したことを
きっかけにフードコーディネーターに師事。多くの広告、カタログ撮影、レシピ開発
に携わる。子どものころからの食への探究心は止むことなく、現在も日々研究中。主
な著書に『いただきます！まで35分 毎日食べたい電子レンジの「もちふわ」パン』
『こんなに使える！魔法の「ホットケーキミックス」アレンジ74』『食べたくなったら
すぐできる！「ポリ袋」で簡単おやつ』（以上、ＰＨＰ研究所）などがある。

この本で使用したポリ袋
食品用ポリ袋 R-26（ワタナベ工業株式会社 https://www.watanabe-ind.co.jp/）

撮影　大坊 崇（igotta）
調理アシスタント　加東幸恵
装幀　朝田春未
本文デザイン・組版　朝日メディアインターナショナル株式会社

食べたかった！がこれ1枚「ポリ袋で湯せん」の感動レシピ

2024年3月12日　第1版第1刷発行
2025年1月15日　第1版第4刷発行

著　者　だいぼうかおり
発行者　村上雅基
発行所　株式会社PHP研究所
　　　　京都本部　〒601-8411　京都市南区西九条北ノ内町11
　　　　〔内容のお問い合わせは〕暮らしデザイン出版部 ☎075-681-8732
　　　　〔購入のお問い合わせは〕普 及 グ ル ー プ ☎075-681-8818
印刷所　TOPPANクロレ株式会社